# VENTRE VAZIO

CÁSSIA CARDOSO LIMA DOS SANTOS

# VENTRE VAZIO

A minha jornada de superação:
Da endometriose à infertilidade e a depressão.

1ª edição
2021

DIREÇÃO E PRODUÇÃO EDITORIAL
CAPA E PROJETO GRÁFICO
**Cássia Editora| @editoracao.cassia**

**Dados Internacionais de Catalogação na Publicação (CIP)**
**(Câmara Brasileira do Livro, SP, Brasil)**

Santos, Cassia Cardoso Lima dos
Ventre vazio : como a infertilidade me roubou a esperança / Cassia Cardoso Lima dos Santos. -- Itacarambi, MG : Ed. da Autora, 2021.

ISBN 978-65-00-35829-2

1. Autoajuda 2. Depressão - Diagnóstico 3. Depressão - Tratamento 4. Deus 5. Endometriose 6. Infertilidade - Aspectos psicológicos 7. Infertilidade feminina 8. Relatos pessoais I. Título.

21-92660 CDD-155.6

**Índices para catálogo sistemático:**

1. Infertilidade : Relatos pessoais : Psicologia aplicada 155.6

Maria Alice Ferreira - Bibliotecária - CRB-8/7964

**Cássia Editora**

**Atendemos autores da área de desenvolvimento pessoal cristão e literatura infantil**

Rua Margarida, 30-A – Bairro São Francisco – Itacarambi/MG
E-mail: suporteescrevaseulivro@gmail.com
Tel. (38) 99114-2555

# DEDICATÓRIA

*Dedico esse livro a Deus,*
*que colocou anjos em minha vida*
*para mostrar o quanto eu podia sonhar e realizar.*
*À Ele toda honra e toda glória,*
*Amém.*

**Cássia Cardoso Lima dos Santos**
**Professora, Escritora e Editora de livros**

# SUMÁRIO

# PREFÁCIO

Este livro surgiu das cinzas de uma história marcada por fracasso, culpa e depressão. Tornando-se uma ferramentas essencial para enfrentar a dor emocional e transcender o papel de vítima que envolve a realidade de uma mulher infértil.

Meu mundo emocional estava rapidamente se deteriorando, levando-me à autodestruição e impedindo qualquer avanço em projetos pessoais ou profissionais. A sensação era de um abismo sem fim, e eu ansiava pelo alívio, às vezes, desejando até mesmo a morte.

Você já experimentou a agonia de estar com um furúnculo no corpo que precisa furá-lo para cessar a dor? Este livro compartilha a mesma intenção: narrar e refletir sobre cada passo na jornada de ressurgimento, como a mítica Fênix.

Voltar a viver com qualidade, demanda que eu compartilhe essa história, para que outras mulheres e seus maridos possam errar menos ao lidar com uma situação semelhante a que eu enfrentei, além de não deixarem que o vitimismo roube sua vida, destrua seus sonhos ou sua família.

Revelar minha vida ao público, após escondê-la até mesmo do meu cônjuge, familiares e amigos, é um desafio colossal. O isolamento e a depressão em mergulhei resultou em afastamentos dolorosos, mas acredito que ao compartilhar minha história, outras mulheres e seus parceiros poderão encontrar orientação em situações semelhantes.

Prepare-se para uma leitura intensa, onde as lágrimas, sorrisos e emoções se entrelaçarão com minha trajetória de vida. Cada palavra é tingida com as cores vívidas do sangue, lágrimas, suor e perseverança.

Nas poucas páginas que decidi eternizar neste livro, deixo para trás essa parte sombria da minha vida, pronta para construir uma nova narrativa, certamente mais leve e alegre, mas igualmente desafiadora e resiliente àquela que você está prestes a conhecer.

Então, preparada para começar esta jornada?

CÁSSIA CARDOSO LIMA DOS SANTOS

# VENTRE VAZIO

A minha jornada de superação:
Da endometriose à infertilidade e a depressão.

1ª edição
2021

# CAPÍTULO 1
# AUTODESTRUIÇÃO

## Navegando nas sombras

No longínquo ano de 2000, eu e meu esposo protagonizamos uma festa de casamento repleta de alegria e amigos vindos de todos os cantos. No entanto, mergulhamos de cabeça nessa união sem entender completamente o que nos esperava. A falta de conselhos e a ausência de uma preparação adequada foram os primeiros passos para um caminho que, naquela época, não tínhamos ideia de como seria.

A juventude nos envolvia, ambos criados na fé cristã desde a infância, acreditávamos que nosso matrimônio seria como um conto de fadas. Entretanto, a realidade se fez presente abruptamente, apenas 20 dias após a celebração. Terríveis cólicas menstruais se tornaram a introdução à vida a dois, desfazendo a ilusão de um casamento perfeito.

Oito dias de dores intensas e um ganho de peso repentino marcaram o início de uma jornada dolorosa. Meu corpo reagia de maneira inesperada ao anticoncepcional, que inicialmente buscamos como solução, revelou-se mais nocivo do que benéfico. Após 12 meses de sofrimento, tomei a decisão de interromper seu uso, alimentando a esperança de alívio.

As consultas ao ginecologista eram desanimadoras, sempre com a mesma resposta padrão: "Cólicas são normais devido ao seu fluxo menstrual intenso." Desarmada diante dessa explicação simplista, abracei os anos seguintes sem contraceptivos, mas a gravidez teimava em não se concretizar.

Aos 33 anos, meu encontro com o ginecologista trouxe consigo uma sentença devastadora: "Você está muito velha para ter filhos. Persistir pode resultar em problemas genéticos significativos." Essa notícia ecoou em noites de lágrimas e questionamentos, lançando-me em um estado de desânimo profundo.

A desesperança se instalou, e gradativamente me afastei da família, amigos e atividades sociais na igreja. Meu refúgio tornou-se a solidão, enquanto eu forjava sorrisos nas interações sociais, escondendo a tristeza que imperava nos bastidores.

Minhas conversas com Deus, marcadas pela falta de fé, refletiam a crença de que Ele negava a bênção da maternidade porque eu não era merecedora. A carga emocional se tornou insustentável, mas eu persisti, escondendo minha dor de todos ao meu redor.

Passava muito tempo na cama, dormindo até 11 horas da manhã, mal fazia o almoço e saía para o trabalho.

Como diz o Pablo Marçal:

*Você dorme muito, porque sua vida acordada é uma bosta!*

Pura verdade. Não via sentido na minha existência. Eu ficava o dia todo na cama ou no sofá. Não conseguia sonhar com qualquer outra coisa, que não fosse fantasiar a vida perfeita, se tivesse um filho.

Meus dias passavam comigo dormindo ou chorando ao me ver sozinha. Quando meu marido estava em casa ou tínhamos visitas eu forjava uma alegria barulhenta que impedia qualquer um de suspeitar o quanto eu estava sofrendo.

Quando percebia o descontrole emocional chegando saía para o banheiro, chorava um bocado silenciosamente, lavava o rosto, fazia respiração para me acalmar, vestia a máscara da alegria de novo e voltava para o meio do povo.

Eu não dividia com ninguém minha dor. Nem com Deus. Às vezes falava com Ele, mas não acreditava que me escutasse. Mesmo Deus, eu sentia que Ele não me dava filho porque eu não merecia.

Este capítulo é mais do que uma narrativa. É um convite para que você, leitor, reflita comigo sobre minha forma de agir. Como cheguei a esse ponto? Como as escolhas, a fé vacilante e a busca desesperada por sentido moldaram meu caminho em direção à autodestruição?

Embarque nessa jornada comigo, pois a história continua, com desafios e superações que estão por vir.

# CAPÍTULO 2
# A OPINIÃO ALHEIA

## Desvendando os grilhões sociais

A incrível capacidade que temos de opinar sobre a vida alheia, mesmo sem sermos solicitados, revela-se como uma constante em nossas interações sociais. Hoje, compreendo que, muitas vezes, essas opiniões surgem de boas intenções, embora sejam, por vezes, um desafio emocional. Afinal, quem gosta de ser alvo constante de palpites não solicitados?

As opiniões dos outros se tornaram um fardo, pesando como correntes invisíveis em meu cotidiano. Seja na igreja, na escola, no mercado ou na loja, a curiosidade alheia transformava minha vida íntima em um espetáculo aberto a conselhos, independente da dor que o assunto envolvia.

A busca por soluções para engravidar tornou-se um campo de sugestões hilariantes. Entre as mais antigas, destacavam-se técnicas peculiares, como manter as pernas para cima por 10 minutos após o sexo, um verdadeiro desafio após momentos de intimidade. A ideia de não se lavar depois do ato também surgia, alegando a mesma finalidade: evitar que o sêmen fosse perdido ao ficar em pé. Essas práticas, por mais curiosas que fossem, se tornaram rotina em busca do tão desejado sucesso.

Além disso, a sabedoria popular sugeriu a prática frequente do ato para aproveitar o período fértil, uma tarefa complicada para quem tinha uma vida agitada. E, é claro, havia a recomendação alimentar para limpar o útero, embora eu não me recordasse exatamente do que era para comer.

Os conselhos espirituais, por sua vez, carregavam uma carga emocional mais profunda. Chorar e orar eram as prescrições, como se a fé e a oração fossem suficientes para superar as barreiras da infertilidade. No entanto, o fato de orar e esperar gerava questionamentos sobre a verdadeira essência da fé.

Com o tempo, aprendi a filtrar esses conselhos e dicas, buscando refúgio do incessante bombardeio de palavras e sugestões. Na igreja, as histórias de mulheres como Ana, que tiveram filhos após orações fervorosas, reacendiam minha fé. No entanto, esses momentos de esperança se desfaziam na solidão da noite e no arrastar dos meses em que não se cumpria a promessa.

Geralmente quando terminava o culto, vinha umas irmãs de idade reforçar a mensagem da palavra. Diziam: "Ouviu??? Agora vai vir...". E eu só falava: "Eu creio! Eu creio!". Sorria com a alma chorando. Sempre me debulhava de chorar depois desses cultos na hora de dormir. Sozinha, no escuro da noite, desenvolvi a técnica de desaguar sem soluçar ou fazer som. Eram lágrimas quentes e salgadas, além de silenciosas, que extravasava toda a minha dor e sentimento de fracasso.

O isolamento, contudo, teve um preço alto. As pessoas se afastaram, e o vazio emocional se transformou em uma sensação de rejeição. Era uma zona de conforto auto imposta, uma maneira de evitar confrontar minha dor e a realidade emocionalmente doentia em que me encontrava.

A maioria dos casais enfrentam sentimentos semelhantes em meio às dificuldades para ter filhos. Eu queria ajuda, mas não sabia como ajudar a mim mesma. Meu marido, mesmo usando o argumento de que era a vontade divina, não compreendia a complexidade que eu sentia para aceitar esse resultado.

Foi somente ao assistir um vídeo da Rebeca Nemer sobre sua própria jornada pela infertilidade que me senti compreendida. Ela e o marido compartilharam a dor e a necessidade de respeito pela sua história, e isso ressoou em mim de uma maneira única.

Por isso, ao escrever este livro, estou pedindo uma coisa simples: empatia. Quando um casal disser que não tem filhos por problemas de saúde, não persigam os detalhes, respeitem a dor deles e não ofereçam conselhos. Se os médicos não veem uma solução, o que as opiniões e dicas vão resolver? Nestes momentos, o que cabe a vocês é oferecer apoio nas orações, respeitando a jornada única que cada casal enfrenta.

# CAPÍTULO 3
# A RAIVA E O MEU AFASTAMENTO DE DEUS

# Confrontando a espiritualidade

Como previamente explorado, as emoções desempenham um papel crucial na formação de pensamentos, sentimentos, ações e resultados. Neste capítulo, vamos mergulhar nas ramificações desse ciclo utilizando minha própria jornada como exemplo.

A Programação Neurolinguística, revela que o ciclo emocional humano é intricado, onde as seis emoções básicas podem influenciar os nossos resultados. São elas:

- Alegria
- Tristeza
- Medo
- Raiva
- Nojo
- Surpresa

Essas emoções quando ativadas por alguma situação ou experiência surgem pensamentos que geram sentimentos, deles desenvolvem as ações e, por fim, os resultados. Ou seja:

- Emoções ⇨ Pensamentos;
- Pensamentos ⇨ Sentimentos;
- Sentimentos ⇨ Ações;
- Ações ⇨ Resultados.

Exemplo de fluxo:

1. Emoção: Medo.
2. Pensamento: "Não vou conseguir."
3. Sentimento: Insegurança.
4. Ação: Procrastinação, desistência.
5. Resultado: falha, obstrução, atraso, incompletude.

Esse é o ciclo que todo ser humano tem de forma inconsciente ou consciente, de maneira consistente e constante.

O que isso tem a ver com o assunto deste capítulo? Tudo! No meu caso, a raiva se tornou um elo crucial nesse ciclo, levando a um afastamento doloroso de Deus.

A busca pelo milagre da maternidade foi marcada por uma exigência visual, uma necessidade de ver para crer. A ausência desse milagre gerou raiva, uma emoção que, combinada com o desânimo, afastou-me da oração e do refúgio espiritual.

Cada profecia recebida na igreja tornou-se um constrangimento, uma máscara que eu usava para esconder minha raiva e desilusão. Mesmo dizendo "Se Deus quiser, acontecerá o milagre", a raiva corroía minha conexão espiritual a cada dia.

Meu marido, muitas vezes ausente devido ao trabalho como taxista, contribuiu para o meu isolamento emocional. Nas raras vezes em que tivemos conversas profundas, sua falta de compreensão emocional deixou-me ainda mais sozinha em meu sofrimento. Ele se chama Gilmar, trabalha como taxista e sai bem cedo de casa. Não tem horário certo para voltar, pode ser às 14h, às 17h ou até mesmo às 20h da noite, por isso sempre fiquei muito tempo sozinha, e meu sofrimento era todo em segredo.

Nas poucas vezes que fizemos uma DR, sempre falei algumas coisas sobre como me sentia em relação a este assunto, sobre minha depressão, mas como ele não é muito ligado a comportamento humano e emoções, nunca me apoiou emocionalmente, se por não querer ou por não se importar, eu não sei.

Meu comportamento sanguíneo, enraizado na proatividade e na liderança, mascarava minha dor. A imagem de força transmitida tornou-se uma barreira para que os outros percebessem meu sofrimento. O receio de ser um fardo para a família e a solidão se tornaram meus companheiros constantes. Sobre meus problemas emocionais, algumas vezes penso em falar com alguém, aí começo a pensar como essas pessoas irão reagir, e acabo desistindo...

Se falar com minha mãe, ela ficará preocupada e começará a perder o sono por minha causa.

Penso nas minhas irmãs, em procurar uma delas e fazer minhas confidências, mas me preocupa levar meus problemas para complicar a vida delas, pois tem família e não merece ficar se preocupando comigo.

Sei que você vai falar que eu não confio em ninguém, eu confio e amo minha mãe, meu pai e minhas irmãs, mas não gosto de ser um peso para eles. Afinal, sou adulta e tenho que solucionar meus problemas. Foi para isso que cresci, ser dona das minhas vontades e consequências delas.

A raiva, crescente e silenciosa, foi minando minha fé. O título deste capítulo, "A raiva me fez afastar de Deus", reflete uma jornada marcada por uma relação esfriada com a espiritualidade. Nunca fui de orar regularmente, e minha fé enfraqueceu à medida que me aprofundei na depressão.

A infertilidade desencadeou um período de orações, súplicas e jejuns, mas a desculpa de não querer ficar deprimida para ter um filho encobriu uma verdade mais profunda: a falta de uma fé genuína e poderosa para visualizar e acreditar na vida que desejava.

Ao confrontar essa realidade, surge o reconhecimento de que, mesmo em campanhas de oração, a falta de fé genuína e confiança impediu que um milagre ocorresse. Minha raiva, alimentada pelo ego ferido, me afastou da aceitação de minhas dores nas mãos de Deus.

Escrever sobre isso é um ato de autorreflexão e, neste momento, só me resta pedir perdão a Deus por minha dureza de coração e reconectar-me com Sua bondade e benignidade eterna. O reconhecimento da necessidade de voltar para perto Dele representa um passo crucial em direção à cura e ao restabelecimento da fé.

# CAPÍTULO 4
# INTIMIDADE COM DEUS

## O resgate da espiritualidade

SALMO 119:103 (NVI):

*Como são doces para o meu paladar as tuas palavras! Mais que o mel para a minha boca!*

Como é bom e agradável estar em seus preceitos, ó Deus. Como sinto alegria em ouvir a sua voz. Eu te amo, meu Deus e Pai. E sei que sou amada e protegida por ti, ó Deus.

Espero que minha história possa te ajudar a restabelecer sua intimidade com Deus e melhorar a sua vida. Que você não espere a dor ou a doença para recebê-lo como seu Salvador. Que seus lábios possam purificar com louvores a Ele. Que seus braços ergam para indicar a sua fonte de sabedoria. Que seus lábios possam purificar com louvores a Ele.

Então vamos a minha história que deveria ter sido de intimidade com Ele, mas a religião me fez vê-lo como um Deus Duro e Vingativo. Desde pequena ia com meus pais à igreja, na Congregação Cristã no Brasil, onde cresci, recitei salmos, aprendi música, e até assumi ministério.

Mas por que, mesmo dentro desse ambiente cristão, eu não tinha intimidade com Deus?

Eu era uma crente por tradição, recitava sem entender, acreditava por ser a única doutrina que conhecia. Estava na igreja todos os dias, mas não vivia o evangelho.

Tenho pais, irmãs, cunhados, sobrinhos e sobrinhas que congregam nesta igreja e juntos formamos um total de quase 13 músicos e organistas. Somos uma família bem musical, graças a Deus.

Fiquei crente em Jesus porque nasci ali, não conhecia e nem o sentia de verdade, recitava versículos bíblicos, mas não os aplicava em minha vida pessoal, acreditava na doutrina como a única que daria a salvação, porque era a única que já tinha ouvido e conhecido desde pequena. Eu acreditava piamente que estar na igreja todos os dias iria salvar a minha alma. Não entendia nada de alma, morria de medo de espíritos, não vivia o evangelho de Cristo. Não que eu fosse uma pessoa rebelde e má, mas era medrosa e dominadora, julgava-me correta e fiscal do evangelho e da doutrina.

Dentro desse meio, havia julgamento, acepção de pessoas, falta de amor. Eu era preconceituosa, manipuladora e seletiva em meus julgamentos. Não aprendi a ter conexão com Deus através da oração, e não entendia que a Palavra deveria ser aplicada no cotidiano. Eu era uma crente sem fé, sem experiência real com Deus.

Você pode se perguntar por que eu continuava na igreja. A resposta é simples: o problema era meu, minha cegueira interna. Eu cria na palavra de Deus, mas eu não vivia realmente a caridade e o amor ao próximo que é o princípio do mandamento de Cristo.

Não aprendi a ter conexão com Deus através da oração. Não tinha o drive de que Deus poderia falar diretamente comigo através dela ou da minha conversa diária com ele. Não aprendi que eu tinha a capacidade de falar, sentir e exalar o seu amor. Não aprendi que a sagrada escritura é para ser aplicada no seu cotidiano e não apenas dentro da igreja.

Há dez meses, minha visão mudou. Houve uma mudança de perspectiva através dos conteúdos transformadores do Pablo Marçal. Entrei na Mentoria 10 x 1 – chamada O Pior Ano de Sua Vida e aprendi a ler a Bíblia sem viés religioso.

Até minha oração mudou, parei de achar que não era merecedora de falar com Deus e passei a crer que mereço e sou capaz de realizar grandes feitos, bastava ter fé. Hoje, minha fé não me faz sofrer; ao contrário, sei que meu Deus é maior que qualquer problema.

Gente, eu nem sabia orar direito... olha como eu orava:

*Senhor, Nosso Deus, Nosso Pai que está no Céu. Neste momento, dobro meus joelhos em oração a ti, para pedir o perdão pelos meus muito pecados cometidos na sua presença. Não peço porque sou merecedora do seu perdão, mas é por saber da tua infinita misericórdia. Senhor, eu te peço, não no meu nome, mas em nome, do teu filho amado, Jesus Cristo, que é bendito e eterno para sempre. Amém.*

Essa era a minha oração rotineira. Bem decorada. Bem rápida para não doer os joelhos. Antes, minha visão deturpada da identidade me afastava de Deus. Hoje, agradeço mais do que peço em minha oração, pois acessei meu lugar como filha e tornei-me íntima Dele. Minha restauração foi exitosa porque lia a Bíblia, orava e meditava diariamente, não era mais passiva na leitura, mas refletia sobre o que estava escrito e como aplicá-lo. Aprendi a questionar, pesquisar e buscar sentido nas Escrituras.

Graças a Deus hoje entendo que as regras da Congregação existem para organizar a igreja e manter o povo mais voltado para as coisas de Deus, mesmo que não os ajude a viver por princípios.

Hoje, busco a cada dia reforçar meu amor a Deus, a mim e ao meu próximo para poder merecer a obra de salvação que Jesus praticou por nós.

Hoje a minha fé não me faz sofrer, porque sei que meu Deus é maior que qualquer problema que venha a surgir no meu caminho. E como diz Pablo Marçal: "Você tem que amar problemas." E eu passei a enfrentá-los com mais calma e fé.

A intimidade com Deus é restabelecida quando o vemos como Criador, Pai, amigo fiel e conselheiro. Ser amado por Deus é uma experiência transformadora. Ao transbordar essa história para o papel, percebi meu egocentrismo e como quis culpar Deus pela não realização do meu desejo.

Entendo hoje que meus "filhos" serão todos aqueles que foram impactados por meu testemunho, uma ação ou palavra minha. Meus filhos serão os que forem salvos pelo evangelho que minha história resgatar.

# CAPÍTULO 5
# A AÇÃO DE DEUS EM MINHA VIDA

# Sinais de esperança

Neste capítulo irei narrar sobre minha busca por um diagnóstico e os aprendizados que tive ao lidar com a dura realidade de uma doença incapacitante.

Quando comecei a pesquisar sobre endometriose e me autodiagnostiquei aos 40 anos, dei início a uma jornada desafiadora. O primeiro médico que fui disse que não deveria me preocupar, pois não havia nada de concreto sobre a endometriose, e que era normal ter dor e muito sangramento (não diminuindo nem quando estava no banho ou me secando – hemorragia severa).

Fui a outro médico e quando disse que suspeitava estar com endometriose, ele foi irônico comigo, mas não me importei, falei das minhas pesquisas e do tanto de sintomas que tinha parecidos com os sintomas da endometriose. Ele fez dois exames caríssimos e me deu o diagnóstico na mesma hora. Endometriose e Cisto Dermóide – uma espécie de cisto que cria seborreia, dentes, cabelos e cartilagens dentro do ovário. Na minha ignorância sobre a verdadeira função do ovário, saí de lá enojada que meu corpo fosse capaz de produzir aquilo e queria fazer a cirurgia o mais rápido possível. Infelizmente não havia dinheiro para cobrir os custos de uma cirurgia desta.

Meu marido segurou a barra e me levou em outro médico, combinamos a cirurgia e fui fazer os exames de risco-cirúrgico. Infelizmente a primeira cirurgia não foi suficiente, e a endometriose voltou rapidamente, revelando-se mais intensa. Desesperada pesquisei na internet e busquei ajuda em um Centro Avançado em Endometriose, fora da minha cidade, onde recebi um diagnóstico de endometriose grau severo, com focos em órgãos vitais, intestino, útero, ovários e bexiga.

Este Centro Avançado em Endometriose é localizado em Belo Horizonte, a uns 800 km da cidade onde moro. Lá fui fazer um novo diagnóstico, mas pela explicação dos médicos era endometriose.

Após 5 meses de tratamento medicamentoso, a necessidade de uma cirurgia se tornou iminente. No entanto, o valor ultrapassava minhas possibilidades financeiras, sem cobertura do plano de saúde. Com dívidas acumuladas, incluindo custos de viagens e exames particulares, a minha reserva de emergência era inexistente. Nesse momento, minha independência foi posta à prova.

Confesso que cogitei vender pertences valiosos, como meu fusca ou até minha casa, mas decidi entregar minhas preocupações nas mãos de Deus. Essa experiência desafiou minha independência extrema, ensinando-me que Deus provê todas as coisas. As ajudas vieram inesperadamente, provenientes de familiares, amigos da igreja e, com isso, conseguimos 50% do valor da cirurgia. O restante foi providenciado por meio de um empréstimo generoso que pedi a minha mãe.

Meu perfil comportamental era independente ao extremo, e saber que não teria como resolver essa situação com a força do meu braço, me deixava em constante crise de ansiedade.

E depois descobri que era Deus querendo me ensinar umas coisinhas... Ele é Deus... Ele provê todas as coisas... entendeu? Entendi, Pai. Te amo.

Contudo, antes da cirurgia, novos desafios surgiram. Os exames de risco-cirúrgico revelaram uma arritmia cardíaca, colocando em risco minha vida na mesa de operação. Busquei a Deus em oração, e Sua palavra trouxe conforto. O cardiologista, inicialmente relutante devido à arritmia persistente, finalmente concordou com a cirurgia após minha convicção de que Deus decretara vida e não morte.

Lembro-me das palavras que disse ao cardiologista quando ele me disse:

_ Dona, seu coração não vai aguentar essa cirurgia. A senhora pode morrer na mesa de operação.

Senti uma convicção tão grande que levantei da cadeira, coloquei a mão na mesa do médico e disse para ele:

_ Doutor, Deus decretou vida para mim. Ele disse que iria me transformar em uma mulher saudável novamente. Eu não vou morrer!

Ele olhou para mim, depois abaixou a cabeça e assinou o laudo aprovando a cirurgia.

Eu cri. E aconteceu. Aos 41 anos tinha mais saúde que durante minha adolescência e juventude. Fiz a cirurgia e saí viva dela, graças a Deus.

Durante a internação, a dor era intensa e a fome também, pois fiquei quatro dias sem poder comer devido uma anemia muito forte, mas a lembrança da palavra divina transportava-me para um lugar onde anjos cantavam ao meu redor. Essa experiência divina era reconfortante e fortalecia minha fé.

Concluo este capítulo anunciando as boas novas de salvação a todos que creem. Deus é bom, e Sua benignidade dura para sempre. Aos 41 anos, após a cirurgia, experimentei mais saúde do que em minha adolescência e juventude. Essa vitória sobre a endometriose não apenas restaurou minha saúde física, mas fortaleceu minha fé, mostrando-me que Deus é verdadeiramente o provedor em todas as circunstâncias. Amém!

# CAPÍTULO 6
# REUNIÕES EM FAMÍLIA E A ANGÚSTIA

## O peso invisível dos encontros familiares

SALMOS, 91:1.

*Aquele que habita à sombra do onipotente descansará.*

Acredito que todas as famílias se encontram para se alegrar, dividir histórias e aprendizados e a minha não era diferente. Sempre fomos muito grudados e amamos um ajuntamento familiar com muita comida, risada e amor.

No entanto a angústia que permeava meus encontros familiares era uma sombra persistente, apesar do amor e da união que caracterizavam nossa família. Neste capítulo, vou compartilhar a dualidade que vivenciei ao reunir-me com minhas irmãs, pais e sobrinhos, explorando a alegria contagiante desses momentos contrastada com a angústia silenciosa que me envolvia.

Somos uma família do Reino, não apenas por nossos ministérios na igreja, mas pela prática do evangelho no cotidiano. O amor ao próximo, a alegria em estar juntos, o louvor e a oração são os pilares que sustentam nossos encontros. Nossa casa é cheia de música, risos e comida; uma reunião silenciosa é desconhecida para nós.

Amamos servir ao próximo, amamos estar juntas, amamos orar e louvar a Deus juntas e temos orgulho em dizer que “Eu e minha casa servimos ao Senhor”.

Quando nos reunimos sempre tem muita música, conversa e comida. Somos barulhentas, extrovertidas e apaixonadas uma pelas outras.

Apesar de raramente termos desfechos ruins, a angústia surgia quando confrontada com a realidade de que minhas irmãs eram mães de vários filhos, enquanto minha jornada com a endometriose e a infertilidade do meu esposo minavam qualquer esperança de ter filhos naturalmente. A alegria de estar com eles coexistia com a dor da ausência de raízes próprias.

Minha relação com a família sempre foi de dar pitaco na vida delas e elas na minha vida. Ajudei a educar os filhos delas e sempre os amei como se fosse meus filhos. Ajudo, aconselho, brigo, puxo a orelha, coloco para abraçar, coloco para dizer a emoção que está no coração. Enfim, sou uma tia-mãe chata, tadinho deles.

Sempre que intrometemos na vida uma da outra não deixamos margens para dúvidas sobre nossa intenção de ajudar a solucionar um problema e não julgar. O amor é antes de qualquer coisa.

Eu me sinto abençoada por ter minhas irmãs e meus pais vivos e bem servindo ativamente no evangelho de Cristo.

Minha independência e arrogância me levaram a esconder minhas emoções de todos. Internamente, sofria em silêncio, imaginando que Deus me negara a oportunidade de ser mãe. A angústia se manifestava nos momentos de solidão, quando pensamentos sabotadores me assombravam, levando-me a esconder minhas lágrimas no banheiro.

Talvez você esteja se perguntando... se os encontros familiares são tão maravilhosos assim, por que sente angústia quando está reunida com eles?

Porque minhas irmãs têm vários filhos - a Keila tem cinco, a Raquel tem dois, a Giselda tem três, a Cibele tem quatro. E todos meus sobrinhos e sobrinhas eu amo de paixão, pois sou a tia que brinca, joga e toca com eles, a tia que topa as brincadeiras surpresas também, mas é muito difícil não imaginar os filhos que eu queria junto com eles… e isso me causa angústia.

Mantendo meu sofrimento em segredo, desenvolvi uma depressão silenciosa. A raiva de mim mesma, pensamentos de inadequação e auto rejeição ecoavam constantemente em minha mente. Frases como "Não sou merecedora" e "Deus não me ama" tornaram-se pensamentos sombrios, criando um ciclo de rejeição, medo e tristeza.

Com a minha jornada para tratar a endometriose e a infertilidade do meu esposo era zero a chance de conseguir ter filhos de forma natural. E essa situação começou a me levar a um estado emocional confuso e dúbio. Ao mesmo tempo me sentia feliz por estar com eles, mas também me sentia vazia por não ter raízes.

Quando me sobrava um espaço para respirar ou ficar em silêncio, vinham os pensamentos sabotadores de que “eu nunca teria filhos”, “minha casa sempre seria vazia de movimento e alegria”.

Quando vinha esse tipo de pensamento eu tinha que ir ao banheiro chorar, ali silenciosamente deixava as lágrimas rolarem o quanto viessem, depois respirava fundo, me acalmava e lavava o rosto. Ao sair voltava ao comportamento alegre e as conversas desenfreadas. Hoje entendo que um dos sabotadores faz com que manifestemos alegria como fuga para não assumir nossos sentimentos e medo do julgamento alheio.

Nunca compartilhei com nenhum deles quanto me sentia sozinha, triste e fracassada. Sempre sofria sozinha.

E esse comportamento fez com que eu desenvolvesse depressão.

É vital compreender que a depressão é uma doença real, muitas vezes é desencadeada por nossos próprios pensamentos. Da mesma forma que a má alimentação conduz a doenças físicas, nossos padrões de pensamentos podem desencadear uma série de desafios emocionais. Meu padrão de pensamento era predominantemente negativo.

Neste capítulo, desvendei a luta silenciosa que travei, oculta durante os animados encontros familiares. A próxima parte da minha jornada revelará como enfrentei essa escuridão e encontrei a luz no caminho da cura emocional.

# CAPÍTULO 7
# A ENDOMETRIOSE

## Entre a busca médica e a batalha silenciosa

Após enfrentar dificuldades na busca por atendimento médico competente, minha jornada com a endometriose mergulhou em uma espiral, afetando não apenas meu corpo, mas também meu emocional. Neste capítulo, explorarei os desafios enfrentados, desde a desinformação sobre a endometriose até os impactos devastadores nas minhas relações familiares.

O que é endometriose?

As mulheres têm no útero um tecido endometrial que o reveste, ele enche de sangue no período menstrual, quando a mulher tem fluxo de sangue intenso, são maiores as chances de ter a doença. Ela é transmitida de forma viral, por meio de relações sexuais com parceiros muito ativo sexualmente, ou seja, parceiros que tiveram relação com muitas mulheres.

Quando soube disse fiquei perplexa, pois eu e meu marido casamos virgens, meus pais também, somente meu avô paterno e materno tiveram uma vida ativa nessa parte.

A falta de atendimento médico qualificado agravou o avanço da endometriose, uma condição pouco compreendida. Explicarei a natureza da doença, desmistificando crenças equivocadas sobre sua transmissão e destacando as dificuldades enfrentadas mesmo por quem leva uma vida alinhada aos princípios cristãos.

A endometriose é a doença da mulher moderna. Devido ao comportamento feminino ativo, criando e lutando por uma carreira de sucesso, vida sexual com vários parceiros, deixa para ter filhos muito tarde, e como nem sempre zelamos por nossa saúde, descobre-se a endometriose tardiamente, um obstáculo muito grande para a realização dos seus sonhos de ter filhos.

Desde 2008, busquei tratamento para as cólicas menstruais intensas. No entanto, a insensibilidade de alguns médicos tornou essa jornada ainda mais dolorosa. Relatarei a experiência devastadora de ouvir de um ginecologista que, de forma cruel, sugeriu que desistisse de ter filhos devido à minha idade. Aconteceu numa consulta o seguinte.

Na minha região, uns 60 km de onde moro, consultava com um ginecologista que falou para mim:

_ Você já está velha, desista de ter filhos, pode vir com deficiência mental ou física...

Doeu muito ouvir isso, ainda mais com a implicação de que uma criança especial não merecia ser amada como qualquer outra.

Desanimada e desconfiada de médicos, passei três anos sem buscar ajuda. Quando finalmente decidi consultar outro profissional, deparei-me com um diagnóstico impactante: focos de endometriose e um tumor nos ovários. A angústia crescia, e a busca por soluções tornava-se urgente.

A jornada para confirmar o diagnóstico levou-me a um médico em outra cidade. A descrença no sistema de saúde local guiou-me à realização de exames, revelando uma situação mais complexa do que eu imaginava. A incerteza pairava sobre a cirurgia necessária, mas a determinação persistia.

Neste outro médico, dr. Marco Aurélio, falei o que estava sentindo, e acrescentei que suspeitava de endometriose, que queria fazer exames para confirmar ou não.

Até hoje não esqueci da expressão de sarcasmo no rosto dele ao dizer:

_ Você acha que está com endometriose?

_ Não tenho 100% de certeza - respondi com firmeza - mas quero exames que me mostre o que eu tenho.

Ele pediu dois exames e recebi um diagnóstico além do que eu esperava. No mesmo dia tive o resultado:

_ Você tem focos de endometriose no útero e um tumor nos ovários chamado "Dermóide", um tipo de cisto que dentro dele se desenvolve cabelo, dente, cartilagem e seborreia. A cirurgia custa 10.000,00 reais…

Saí de lá desesperada, com nojo de mim mesma, pois não atinei que era nos ovários que se desenvolviam os bebês e relacionei o cisto a um monstro, querendo tirar aquilo do meu corpo o mais rápido possível.

Ainda bem que meu esposo teve o bom senso de dizer que deveria buscar outra opinião. Nem é preciso dizer que naquela altura do campeonato eu estava desesperada e dizendo que meu marido queria me ver morta...kkkkk... Coitadinho!!!

Graças a Deus me acalmei depois de alguns dias, e depois de voltarmos para casa comecei a procurar outro médico para consultar.

Este novo médico só olhou os exames que eu levei, passou o valor da cirurgia, desta vez a 7.000,00 e não acrescentou mais nada.

Decidimos por outro médico que me orientou que um tumor ou um cisto só é nomeado assim depois que é feito a cirurgia, a partir dela, é encaminhado para o laboratório para fazer uma biopsia e por fim sairá o diagnóstico.

Fui operada um ano e meio depois do primeiro diagnóstico. A biopsia constatou que o cisto era o Endometriona, ocasionado pela endometriose.

Minha cirurgia foi um corte do tipo cesárea, os pontos pareciam cabrestos presos a bois furiosos, de tanto que doíam. Senti muita dor no pós-operatório, fiquei sangrando por 40 dias e ao retornar ao médico, pedi mais alguns dias de licença, pois não estava me sentindo bem, com muita dor e sangramento.

Ele disse que não precisava ter mais folga, que tinha tido tempo o suficiente para sarar. De novo me senti culpada por não estar bem, mas como eu insisti, consegui mais 20 dias para me recuperar.

Ao final da licença, voltei ao trabalho, sentindo muita dor ainda, acrescentada uma dor latejante no quadril. Quando ficava muito forte, tinha que me deitar e tomar anti-inflamatório.

Cinco meses depois de operada procurei uma médica aqui na minha cidade para investigar porque me sentia tão debilitada. Ela, ao saber que operei de endometriose, me disse que não adiantava tratar porque essa doença não tinha cura. Mesmo ouvindo esse diagnóstico insisti pelo pedido de exames para um check-up médico.

Em agosto de 2017, fiz o ultrassom que acusou o retorno dos cistos endometriais, os tamanhos deles estavam tão grandes quanto os que foram retirados anteriormente.

Senti o desespero me tomar, tremia tanto durante o exame que o médico ficou preocupado e me perguntou se estava me machucando. Tranquilizei ele, mas meu corpo não parava de tremer diante da perspectiva de passar por tudo aquilo novamente.

A falta de confiança e a necessidade de orientação levaram-me a Dr. Jorge Safe, um médico especializado em endometriose. Aqui irei contar a experiência transformadora da consulta, marcada por respeito, amor e compreensão. Dr. Jorge Safe não apenas diagnosticou, mas restaurou minha fé e confiança na jornada da cura.

Sem me planejar, marquei a consulta e, minha família maravilhosa me ajudou no financeiro e no emocional, colocando minha sobrinha para me acompanhar até BH.

Sempre que lembro da primeira consulta com ele, me vem um sentimento de gratidão e tristeza ao mesmo tempo ao lembrar dos excelentes profissionais que me atenderam ali. Não são só profissionais, mas seres humanos especiais, que Deus colocou na minha vida para restaurar minha fé e confiança na humanidade.

Foi um atendimento tão respeitoso, amoroso e justo que lembro aqui de uma analogia que sempre falo quando relato esta primeira consulta, pois eu entrei naquele consultório em cacos, mas o Dr. Jorge Safe me restaurou como um vaso quebrado nas mãos do oleiro. Com delicadeza e afeto me explicou todo o contexto da doença, falou para eu acreditar e ter em Deus para ficar curada, com isso me aproximei novamente de Deus, colocou minhas mãos nas Dele e fui chamada de filha novamente. Com humildade e gentileza revelou que sou a pessoa mais importante do mundo, para Deus e para mim.

Saí daquele consultório com uma pancada de exames - 36 no total, para realizar, mas com o coração leve, porque encontrara um amparo e apoio que me guiaria nesta jornada.

Fui na primeira consulta em setembro de 2017, no mês seguinte voltei com todos os exames feitos. Deus me guiou por todos os caminhos que percorri nesses períodos e abriu portas que estavam fechadas para mim, mas para Deus não havia porta fechada, tudo o que precisei fazer, foi feito em nome de Jesus.

Na época o IPSEMG, meu plano de saúde, estava em crise, pois o governo não estava repassando os valores arrecadados para o órgão e a maioria dos médicos e clínicas estavam cancelando os atendimentos vinculados ao plano, no entanto, Deus preparou que consegui realizar 33 exames pelo plano de saúde, só paguei 3 exames.

Creio que teria gasto com exames se fosse todos particular em torno de 5.000,00 reais na época. Valor impossível para eu pagar. Com os desafios financeiros para cobrir os custos da cirurgia, enfrentei uma batalha contra a dúvida e o medo. Deus agiu de maneiras inesperadas, abrindo portas financeiras e reduzindo custos médicos. A seguir destacarei a importância da fé e da confiança durante momentos financeiros difíceis.

Nesses exames fui diagnosticada com focos de endometriose no intestino, na bexiga, no útero e os cistos nos ovários, além de adenomiose no útero. Fiquei preocupada com o custo da cirurgia, que desta vez ficou a 12.000,00, me preocupei com os custos de hospedagem e hospital, mas Deus tocou no coração do médico e ele se conveniou ao IPSEMG para me atender, diminuindo assim os custos de hospedagens no hospital.

Meu coração enche de alegria todas as vezes que lembro da boa vontade dele em diminuir meus custos. Isso mostrou-me o quanto Deus me ama, abriu portas onde não tinha e agiu em meu benefício.

Depois da primeira consulta passei a tomar um contraceptivo chamado Dienogeste. Custava 120,00 reais na época. Deus foi tão maravilhoso que a clínica doava o medicamento para mim. O que era muito bom porque três caixas que eles doavam já era um gasto a menos para mim.

Sobre a parte financeira, eu fiquei bem endividada para poder me deslocar por 800 km, aonde ia de ônibus, saía da minha casa às 16h da tarde e chegava em BH às 8 horas da manhã do outro dia. Até chegar o horário da consulta ficava andando pela cidade, às 14h.

Geralmente a consulta durava em torno de 2 horas, era dividida em 3 momentos: 1º momento - conversava sobre o tema da consulta e tirava já algumas dúvidas; 2º momento - fazia um ultrassom para confirmar alguma anormalidade; 3º momento - voltava a conversar sobre o resultado do exame de ultrassom e as providências a serem tomadas a partir daquele exame. Foi muito boa essa forma de atendimento.

Voltando a parte financeira, eu não tinha mais como fazer contas no cartão, não tinha reserva de emergência. A falta de dinheiro era um problema, pois nunca saímos da situação precária de viver com o dinheiro que trabalhasse no mês, mesmo o salário do mês sendo curto, não conseguia fazer reserva de emergência.

Decidi fazer a cirurgia, mas passava boa parte da noite me torturando, imaginando onde iria ficar por 15 dias em BH e como pagaria a cirurgia. Já era janeiro de 2018 e não tinha dinheiro nenhum guardado para ela.

Mas Deus tirou de onde não plantei, tocou no coração dos familiares e amigos para me ajudar, e assim conseguimos através de doação 6.000,00. Para completar consegui um empréstimo para completar o dinheiro. Com essa parte resolvida fiquei mais em paz para iniciar os exames de risco cirúrgicos. No entanto, ainda estava preocupada e orando a Deus para preparar o dinheiro para hospedar meu marido e eu depois que saísse do hospital. Não consegui perceber, mas Deus estava abençoando meu esposo e ele pagou estes custos, medicação, hospedagem, alimentação durante os 15 dias que ficamos em BH após ter alta do hospital, mas o médico não deixar eu voltar para casa.

Minha cirurgia foi marcada para 5 de março de 2018, e fui fazer exames de risco-cirúrgicos na semana anterior a cirurgia. O cardiologista encontrou uma falha nos batimentos do meu coração. Era uma sexta-feira e ele me orientou a tomar um remédio por 4 dias e voltasse na segunda-feira para ele ver se faria alguma alteração. Assim eu fiz, na segunda fiz o Holter, levei na terça-feira e com todos os exames que pedira, não queria me liberar para operar, dizendo que meu coração não iria aguentar uma cirurgia tão demorada quanto o que estava previsto para a minha. Naquela hora fui tomada de uma fé tão grande que levantei da cadeira, coloquei as mãos em sua mesa e disse:

_ Doutor, estou sedentária, com sobrepeso, por isso que meu coração está falhando. Deus me falou que iria me transformar novamente em uma mulher saudável. Eu não vou morrer na mesa de cirurgia. Deus me prometeu vida com abundância e não morte.

Eu tinha uma certeza fortíssima no agir de Deus. Ele me olhou por um momento e decidiu me liberar o laudo da operação.

Fiquei feliz quando ele me liberou para operar. E a meia-noite peguei o ônibus junto com meu esposo para Belo Horizonte, chegamos lá às 8h da manhã do outro dia, ficamos em um hotel até o horário da consulta à tarde com o dr. Gustavo Safe, medico cirurgião que iria me operar, filho do Jorge Safe.

Confesso que queria o Dr. Jorge para me operar, mas confiei no filho como confiei no pai. Ele me esclareceu como seria a cirurgia, quanto tempo duraria, qual a probabilidade de dar algo errado, que resultado ele esperava… enfim, me esclareceu.

No dia 5 de março entrei às 6h30 no hospital, fiz o cadastro, às 7h30 entrei para o bloco cirúrgico.

Ali começaria a batalha da minha vida. Ao entrar no bloco cirúrgico tinha uma porrada de gente, não sabia que aquele era um hospital escola.

Me prenderam a mesa com minha vergonha de fora e toda hora chegava um estagiário e com voz infantilizada se apresentava como se eu fosse uma bebezinha frágil. Aquilo foi me dando uma aflição, irritação…

Para piorar o estagiário que estava colocando o acesso em meu braço, não encontrava minha veia, me furou várias vezes, até que meu médico interferiu, fazendo um garrote no meu braço e a veia pulando para cima… até que enfim ele parou de me furar e introduziu o acesso.

Continuou entrando gente, vários vinham se apresentar para mim, eu ali de perna aberta preso a mesa, nervosa com tanta movimentação, comecei a tremer.

Meus tremores não são discretos, começam nas mãos, amolecem os joelhos, até que os dentes começam a se atritar e as pernas se debaterem sem controle. É horrível.

Meu médico estava com a mão sobre meu braço enquanto conversava com a médica que iria assessorá-lo. Ao perceber meus tremores se intensificando, falou comigo que estava tudo bem, meu corpo estava coberto, passou a mão em meu rosto gelado e ao perceber que não estava mais no controle mandou me sedar. Foi pinicante a sensação do sedativo que inspirei, mas dei boas-vindas a inconsciência.

Não queria mesmo ver nada do que acontecesse. É muito bom ficar morta para o mundo por um tempo. Não me pergunte se voltar é bom… doeu demais voltar.

Fiquei desligada das 8 às 18h30, quando senti uma dor terrível na panturrilha, tentei me mover para massagear a perna, mas não consegui, chamei com voz muito fraca a enfermeira, mas foi alguém perto da minha maca que me ouviu e conseguiu alguém para me ajudar.

Percebi que aquilo era a vida, dor para voltar a sentir, mas graças a Deus tudo correu muito bem durante a cirurgia.

Às 19 horas fui levada para o quarto e o meu precioso médico estava lá para me receber. Na face dele percebi todo o cansaço pelo trabalho despendido durante a cirurgia prolongada, e suas palavras me confirmaram isso:

_ Sua cirurgia foi um inferno, tinha muita aderência em volta da cicatriz antiga e os órgãos estavam todos ligados por essa aderência que removeu eles de lugar, por isso você sentia muita dor. Pense numa cola que segura seus órgãos e não te deixa se mover sem doer? Mas não terá mais dor, colamos nos lugares certos e você ficará novinha em folha, graças a Deus.

Fiquei feliz por ele conseguir colocar tudo no seu devido lugar. Não sentia a dor na cirurgia, porque havia sido feita por videolaparoscopia. O que eu não sabia era que estava esverdeada devido a anemia fortíssima que me acometeu durante a cirurgia.

Ali começou um jejum de mais quatro dias, onde só bebia um líquido com sabor de água de milho...horrível... até hoje ao sentir o odor me dá nojo de tanto que tomei ao invés de comer algo consistente. Era colhido sangue duas vezes ao dia até que na oitava vez detectou que já tinha ficado boa de novo.

No dia seguinte a operação, o médico foi me visitar pela manhã e a recomendação foi a seguinte:

_ Quer ficar boa logo? – disse ele.

_ Claro que sim. – respondi.

_ Então, levanta dessa cama e vá andar.

Concordei de imediato, e assim comecei a fazer caminhadas várias vezes ao dia acompanhada pelo meu esposo, no corredor do hospital.

Com cinco dias de internação recebi alta para sair do hospital, mas não para ir embora para minha cidade. Ficamos em hotéis durante os quinze dias, enviava notícias ao médico pelo WhatsApp, só podia me alimentar de líquidos - sucos, vitaminas e água, nada sólido. Tinha que continuar a caminhada e as injeções de clexane na barriga (o bicho que dói).

Entre a internação e o período de recuperação foram 19 dias em Belo Horizonte, nada nos faltou, nem dinheiro para pagar hotéis e comidas ou remédios. Digo mais, levantei, dormi porque o Senhor me sustentou.

Diferente da outra cirurgia, mesmo com bolsa de colostomia, não tinha dores. Não havia sangramento. Não tinha períodos ruins. Estava me sentindo super bem, alegre e bem-disposta.

Essa cirurgia tirou minhas dores com a mão e me tornei, graças a promessa de Deus, uma mulher saudável.

A saga para vencer a endometriose revelou não apenas batalhas físicas, mas uma luta silenciosa contra a depressão e a busca por significado. Este capítulo descreve os altos e baixos, mostrando que, mesmo nas sombras, a luz da fé e da esperança pode guiar o caminho em direção à cura.

Continuei tomando os remédios para não menstruar. Mas depois de nove meses da cirurgia decidi parar e tentar engravidar. Infelizmente, nada aconteceu. Nem menstruação, nem gravidez.

Meus sinais eram de falência ovariana, o médico me alertou que eu estava com meus óvulos contados e isso aconteceria muito cedo. E de lá para cá foi desse jeito, três meses sem menstruar, e quando menstruava vinha um tiquinho de sangue, e logo ia embora.

Eu gostei de não ter dores, não ter fluxo menstrual intenso, mas eu queria engravidar e ficava triste por que nada acontecia.

A cada mês que nada acontecia me sentia vazia, triste e fracassada.

A cada vez que meu marido dizia para os outros que não tínhamos filhos, porque eu tinha problema, eu me sentia fracassada e culpada.

A cada vez que ele dizia para mim que não tínhamos filhos, porque não busquei tratamento mais cedo, eu me sentia rejeitada, culpada e fracassada.

Qual foi o resultado dessa situação?

A depressão!

# CAPÍTULO 8
# A DEPRESSÃO

## O despertar para a cura interior

A depressão é uma sombra silenciosa que se instalou na minha alma, transformou meu mundo interno em um lugar sombrio. Neste capítulo, mergulharei nas complexidades emocionais, relatando como a ausência de filhos, as cobranças sociais e a pressão constante afetaram não apenas minha mente, mas também meu casamento.

A busca incessante por filhos tornou-se um fardo emocional, levando-me a sentir-me desvalorizada como mulher. Nos grupos sociais, a falta de maternidade tornou-me uma exceção, uma sensação de exclusão pairava sobre mim. Mesmo em ambientes da igreja, as expectativas permaneciam presentes, e a cobrança por filhos persistia, ignorando a realidade do tempo e da fertilidade.

Me sentia uma idiota por ficar com esperança todas as vezes que vinha uma palavra na igreja falando que Deus cumpriria o desejo do coração. Falando que me daria um filho.

A verdade é que não é fácil estar numa sociedade patriarcal como a nossa, principalmente a cristã, onde casar, ter filhos, adquirir casa e carro eram as metas de todos cristãos que eu conhecia.

O tempo avançava, minha paciência esgotava-se, mas a pressão social continuava, impondo-se como um peso constante. Pessoas bem-intencionadas, sem perceberem a realidade, insistiam em falar sobre a esperança de ter um filho. Eu nunca maltratei ninguém dando uma resposta atravessada, sempre sorria e falava coisas positivas e isso teve um alto preço para mim. Passei a me sentir pressionada, sem amparo, um mix de sentimentos que faziam com que eu pensasse nisso o dia inteiro.

Desvendando a complexidade da depressão, irei abordar como esse estado emocional não se instala abruptamente, mas cresce ao longo do tempo. Os pensamentos negativos e a falta de motivação tornaram-se meus companheiros diários, levando-me a um ciclo de tristeza, raiva e desânimo. A influência desses sentimentos no corpo e na mente nos levam a fazer depressão.

A depressão não se instala de repente, é um período de tempo onde você deita e levanta maturando uma emoção ruim, pode ser tristeza, nojo, raiva - são emoções negativas que quando ativada constantemente na sua mente, através de pensamentos vitimistas e negativos, tem uma consequência extremamente desagradável no plano físico, emocional, espiritual, cognitivo - seu corpo.

A depressão tornou-se um pesadelo diário, infiltrando-se em todos os aspectos da minha vida. Choros escondidos, discussões imaginárias, e a sensação de ser uma "coitada" marcaram esse período sombrio. As consequências prejudiciais refletiram-se no meu casamento, que gradativamente se desgastava. Dormia mal e me sentia cansada o tempo todo. As consequências?

Meu casamento foi deteriorando, não tinha mais conversa agradável com meu marido, sempre tinha sarcasmo nas nossas falas. Brigávamos constantemente.

Quando eu conseguia algum equilíbrio pedia desculpa e dava início a reconciliação, mas isso deixou meu marido com a visão que sou fraca e volúvel.

Ele nunca me pedia perdão pelo que falava. Não tinha empatia por meu sofrimento. Sentia a muito tempo que o coração dele esfriara para mim.

Não é fácil encarar as cagadas que você faz na vida. Mas um casamento não acaba só por causa da depressão, ele acaba porque o outro não se importa, não ajuda, não compreende que outro não está bem.

Muitas vezes meu marido declarou na minha frente, para outras pessoas, que não tínhamos filhos porque eu tinha problema.

Eu nunca discutia, aceitava 100% da culpa, já que não queria expô-lo, pena que ele não tinha a mesma consideração por mim. Algo que sentia muita falta, era ser tratada de forma especial apesar de não poder dar-lhe filhos.

A depressão influenciou diretamente minha autopercepção. A falta de amor-próprio, aliada aos bloqueios de identidade e merecimento, moldaram uma visão distorcida de mim mesma. No próximo capítulo, compartilharei a jornada de desbloqueio dessas limitações e a chama que acendeu o caminho em direção à cura interior.

# CAPÍTULO 9
# BLOQUEIOS E DESBLOQUEIOS

## Resgate da identidade e a cura interior

Nos capítulos anteriores, exploramos as sombras da depressão, enfrentamos as pressões sociais e desvendamos as complexidades do casamento. Agora, mergulharei na jornada transformadora de autodescoberta, terapia e aceitação, revelando como a cura interior abriu caminhos para a aceitação da minha identidade em Cristo e para o entendimento mais profundo de minha conexão com Deus.

Refletindo sobre meu passado, percebo que eu era uma pessoa em busca constante de aprovação externa. A falta de amor-próprio refletia-se em meu relacionamento com meu corpo, minha profissão e minha autoimagem como filha de Deus. A necessidade de terapia e técnicas como a microfisioterapia tornaram-se essenciais para romper esse ciclo.

Enfim, eu não me considerava uma boa pessoa. O que me restou? Fazer terapia. Eu fui.

A Microfisioterapia é uma técnica tipo a acupuntura, mas não usa agulha e sim pequenos toques nos pontos onde ficaram traumas do passado. Aprofundando-me na terapia, descobri raízes profundas de rejeição desde o ventre materno. A terapeuta identificou que eu já fui rejeitada com apenas três meses de concebida.

Então fui buscar na história da família, o que estava acontecendo com os meus pais em 1975, para a minha mãe me rejeitar na barriga. Descobri que na época o meu pai foi diagnosticado com tuberculose, desenganado pelos médicos, pois não havia cura para tuberculose e 90% das pessoas que tinham essa doença morriam.

Meu pai e minha mãe comiam no mesmo prato, eram um grude um com o outro, então com toda a complicação financeira de não estarem bem nesse aspecto, não estavam bem de saúde, tinha o medo de perder meu pai e, de repente a Cássia é concebida. Alguns conhecidos comentaram a situação da mãe engravidar já tendo 3 filhas, o pai doente e com situação financeira precária. A mãe sentiu a rejeição e passou para mim.

Esse sentimento de rejeição eu senti minha vida inteira, por isso busquei sempre ser boa filha, estudiosa e esforçada, mas nada apagava essa sensação de não ser querida, de não ser o suficiente, de precisar sempre buscar um novo troféu para ser motivo de orgulho.

No meu casamento, eu me sentia aceita no início, mas quando os problemas de saúde chegaram e viraram para o meu lado, ficou sério, passei a sentir novamente que era rejeitada por tudo e todos.

Hoje, depois do tratamento, depois da Mentoria Pior Ano - 10x1, depois de assistir as *lives* do Pablo Marçal, entendo isso e já deixei para trás.

Pois aceitei minha identidade como general do Reino, filha amada do Criador e irmã de Jesus Cristo. Sei que na palavra de Deus eu encontro toda a aceitação e amor que preciso para cumprir o propósito que Deus me emprestou.

Outro bloqueio que tinha era o da identidade, ele estava escondido atrás do medo, da rejeição e necessidade de aprovação. Entendi e aceitei meu Deus e Criador, conclui que toda obra da mão Dele tem a sua função e eu iria cumprir a minha.

Passei a me cuidar, exterior e internamente, tirei a religiosidade dos meus olhos, e hoje compreendo que Deus quer que o seu Reino, a sua bondade e o seu amor transbordem através do modo como eu vivo a minha existência.

Entendi que o medo me afastou de Deus para que eu não desfrutasse da sua presença, e achasse que só poderia receber resposta do Pai através de outras pessoas.

Hoje eu me conecto com Deus cantando uma música, conecto com Deus lavando uma louça, conecto com Deus dando uma aula, conecto com Deus numa reunião de negócios e falar Dele para o outro se tornou minha maior alegria.

## Bloqueio de capacidade e merecimento.

Eu orava e dizia que não pedia nada em meu nome, porque eu nada merecia, mas pedia em nome de Jesus. Eu orei errado minha vida inteira. Eu reforcei meu bloqueio de capacidade e merecimento em todas as vezes que orei.

Que tristeza por ter sido cega assim, mas também sinto alegria porque o véu da incredulidade e inferioridade se rasgou e meu revelou um jardim cheio de delícias e gozo.

Pois bem, fui desbloqueada no método IP-12, me vi no jardim junto ao Leão de Judá, o cordeiro de Deus e filho de Davi. Foi uma experiência maravilhosa e inesquecível. A busca incessante por validação resultou em uma vida marcada por realizações externas, mas sem cura interior. A decisão de fazer terapia, especialmente a microfisioterapia, abriu as portas para a compreensão de traumas passados e a superação da sensação de inadequação.

A rejeição persistiu em minha vida, influenciando meu casamento e minando minha autoestima quando os problemas de saúde surgiram. A superação veio com a aceitação da identidade como "general do Reino", filha amada do Criador e irmã de Jesus Cristo. A palavra de Deus tornou-se o alicerce que sustentava minha nova visão de mim mesma.

A jornada de desbloqueio revelou a presença de barreiras como medo, rejeição e busca incessante por aprovação. O entendimento e aceitação de Deus como Criador e o reconhecimento de que cada ser tem sua função na obra divina foram passos cruciais para desfazer esses bloqueios. A transformação na relação com Deus, a superação do medo permitiu uma conexão mais íntima. Descobri que Deus estava presente em todos os aspectos da vida cotidiana, desde cantar uma música até participar de reuniões de negócios.

A confusão sobre merecimento e capacidade na oração é revelada. O entendimento de que eu merecia pedir em meu nome trouxe uma reviravolta na percepção de mim mesma.

No próximo capítulo, compartilharei como essas descobertas influenciaram minha vida cotidiana, relacionamentos e como continuei a trilhar o caminho da aceitação e crescimento espiritual.

# CAPÍTULO 10
# A CURA

# Uma nova vida

No ano de 2020, marcado pelo início da pandemia de COVID-19, a escola onde trabalho fechou as portas e dei início às aulas remotas, abrindo as portas para um mundo digital que eu mal compreendia naquela época. A decisão de criar conteúdo online, mergulhando no YouTube e Instagram, desencadeou uma jornada de erros, aprendizados e uma mudança profunda e pessoal. Criei canal no YouTube, perfil no Instagram e errando e aprendendo fui fazendo vídeos, posts, atendendo alunos e desejando saber mais de marketing para iniciar uma carreira no digital.

Fiz um curso de redação para o ENEM, contratei um mentor e perdi muito dinheiro. Fiquei medrosa, endividada e mais ansiosa ainda.

No turbilhão de desafios, busquei conhecimento sobre marketing, mas essa busca inicial resultou em contratempos financeiros e um estado acentuado de ansiedade. No entanto, novas oportunidades surgiram quando, em novembro de 2020, conheci Pablo Marçal, cujo ensino sobre a Bíblia trouxe uma perspectiva refrescante e sem dogmas para a minha espiritualidade e atendi um anseio que sempre tive, mas nunca encontrei oportunidade de melhorar, meu conhecimento da palavra de Deus. O Pablo mostrava a bíblia viva. Chamava a gente de General do Reino. Fiquei encantada com a sua palestra e passei a ver todos os encontros a 4h59 da manhã.

Pela primeira vez algo me tirava da cama antes das 9h da manhã. E isso me encheu de entusiasmo, motivação e vontade de ter uma nova vida debaixo da graça, conhecer um Deus de amor e não duro e vingativo.

Passei a ler a bíblia, a orar com mais frequência, ou seja, a fazer o boot cerebral - assim chama Pablo o ato de orar -, comecei a cuidar das minhas emoções e pensamentos. Aprender sobre Programação Neurolinguística, entender como era minha forma de comportar, quais hábitos estavam me levando para a procrastinação e estagnação na vida.

Queria as bênçãos de Deus na minha vida. Queria não ser escassa. Queria ser filha amada, rica e sábia.

Em janeiro de 2021 entrei no programa "O Pior Ano da Minha Vida" de Pablo Marçal. A leitura diária, as pílulas de conhecimento e as mudanças comportamentais em relação a Deus, a mim mesma e aos outros foram fundamentais. Descobri que viver por princípios é mais libertador do que seguir regras dos outros. Entendi que, quem vive por regras não é livre, por isso escolhi os princípios que quero para a minha vida, assim não preciso seguir regras de ninguém, a não ser aquelas que Deus deixou para todos nós.

Apresento os princípios que escolhi para orientar minha jornada:

- Amor: Deus, eu e meu próximo.
- Trabalho: prosperidade e abundância.
- Amizade: frequência e propósito semelhantes.
- Aliança: network e relacionamento.
- Confiança: firmeza e autoconfiança.
- Fé: acreditar e agir.
- Conexão: intimidade e sabedoria.

Esses princípios tornaram-se um guia sólido, permitindo-me tomar decisões alinhadas com meus valores e propósitos, em contraste com uma sociedade que impõe regras politicamente corretas com o objetivo de calar o cristão para o pecado.

Nunca havia refletido profundamente sobre os princípios e valores cristãos até ingressar no programa. A experiência anterior com valores, especialmente nos cursos do Sebrae, era mais mecânica e distante. Hoje, compreendo a importância de viver por princípios, que servem como um checklist para cada decisão.

Aprendi a viver por princípios. Ele não te deixa olhar para a direita ou a esquerda. Tudo o que você vai fazer passará pelo checklist dos princípios. Exemplo: Vai ofende alguém? Não faço. É contra os meus princípios.

## Sobre os valores

Ao listar meus valores, percebi sua relevância nas interações diárias. A valorização da amizade, amor, alegria, sinceridade e outros guiam minhas escolhas e reações. Essa consciência é fundamental para manter relacionamentos saudáveis e evitar conflitos desnecessários.

Antes, os valores eram abstratos, mas agora, ancorados em minhas histórias e experiências, ganharam significado. A jornada de autoconhecimento revelou a importância de ser autêntico, alinhando minhas ações com meus princípios e valores.

Na escola, eu já desenvolvi alguns projetos sobre valores, mas quando comecei o Pior Ano, eu também buguei, pois os valores eram algo abstrato para mim, distante, apenas um tema para trabalhar com os alunos. Daí tive que pescar nas minhas histórias, nas minhas falas quais seriam meus valores. E também encontrei vários, muito bom.

Estes são os valores que mais defendo:

- A amizade
- O amor
- A alegria
- A sinceridade
- A solidariedade
- A verdade
- A justiça
- A compreensão
- O carinho
- O trabalho
- O aprendizado
- A ação

Entre outros.

Por que é importante listar nossos valores?

Imagine você que chegue uma pessoa e fale algo de seu melhor amigo. Você passará pelo crivo dos princípios e valores para decidir como reagir a situação.

Das duas uma:

- Você ficará irritado e dará uma resposta grosseira a pessoa que falou mal do seu amigo, mas chegará no amigo e contará o que o outro falou, causando uma situação constrangedora para ele.

- Você ficará incomodado com a maldade do outro, ouvirá por educação, mas mudará de assunto tão logo seja possível, se despede para manter distância de gente como aquela.

Antigamente, para ser boazinha eu faria a primeira opção, pois achava que aquela pessoa não estava sendo maldosa de verdade, que tinha intenção de ajudar ao falar daquilo.

Eu sei! Você falou que sou sem noção. Eu era!

Eu achava que as pessoas eram boas e puras. Não lia seus comportamentos e suas linguagens corporais para compreender com sucesso o sentido total da mensagem.

No entanto, para não ser carrasca comigo mesma, eu era inocente e facilmente influenciável.

A segunda opção é a que eu mais adoto em uma situação, quando eu vejo e analiso a possibilidade de mudar o resultado daquela conversa. Posso ter um resultado bom? A pessoal está falando com os olhos e o corpo uma mensagem boa e justa? Se eu falar algo vai contribuir para melhorar os resultados? Se alguma resposta for não, fico em silêncio, mudo de assunto, foco em outra pessoa e saio da presença dela.

O bom de você saber quem você é, quais seus valores e princípios, é que você não precisa de qualquer pessoa para estar ao seu lado. O caminho é mais largo para os que são cheios de amigos, tudo é mais fácil. No entanto eu prefiro o caminho estreito, ter Jesus como o meu fiel amigo, sei que ele estará comigo sempre e não me desamparará.

Viver por princípios e valores trouxe clareza à minha identidade, orientando-me nas escolhas e fortalecendo minha conexão com Deus. Na próxima fase desta jornada, compartilharei como esses fundamentos transformaram meus relacionamentos, carreira e a forma como encaro os desafios diários.

# CAPÍTULO 11
# A GRANDE LIÇÃO

# Vitória e Gratidão a Deus

A jornada marcada pela infertilidade, endometriose e depressão poderia ter sido um caminho devastador, repleto de momentos de desespero, onde tentou sufocar a minha vontade de viver. Os desafios nos relacionamentos, aliados à solidão e exclusão, poderiam ter me quebrado. Entretanto, hoje, encontro-me como Jó em sua segunda fase: abençoada, sábia e amada pelo Pai.

## Lições na Adversidade:

Compreendo que cada problema, cada obstáculo, carrega consigo uma lição valiosa. Cada desafio molda minha força e firmeza na graça que é Cristo Jesus. Afirmo minha confiança nas palavras do Mestre: "Eu venci o mundo." Essa verdade me assegura que também vencerei.

## Vencendo Diariamente:

Todos os dias que desperto, que compartilho uma mensagem de esperança, que amo sem esperar recompensa, são dias em que venço o mundo. Meu coração transborda com palavras boas, seguindo o exemplo de Davi, ao falar do que tenho feito em relação ao Rei.

## Gratidão pela Jornada:

Encerro este livro com um coração grato. Agradeço por ter superado as crises de depressão e ansiedade. Agradeço por ter escolhido Deus como Pai e Criador, encontrando segurança nele. Minha gratidão se estende a você, que me honrou ao ler minha história ao chegar até esta conclusão.

## Bênçãos Reservadas:

Desejo sinceramente que acesse as bênçãos que Deus reservou aos seus filhos e filhas. Que cada palavra destas páginas seja uma inspiração para a sua vitória sobre as adversidades. Agradeço por me permitir compartilhar esta jornada contigo.

## Finalizando com Gratidão:

Que a gratidão seja a trilha que percorremos ao refletir sobre as páginas desta história. Obrigada por fazer parte desta narrativa, por caminhar comigo pelas sombras e luzes. Que, ao fechar este livro, você leve consigo a esperança de que, mesmo nas circunstâncias mais difíceis, a vitória é possível.

Gratidão!

# REFERÊNCIAS

https://www.bibliaonline.com.br

MARCAL, Pablo. Antimedo

MARÇAL, Pablo. Códigos do Milhão

O'CONNOR, Joseph. Manual de Programação Neurolinguística

JOHNSON, Spencer. Picos e Vales

FISHER, Robert. O Cavaleiro Preso na Armadura

HILL, Napoleon. Mais Esperto que o Diabo

# SOBRE A AUTORA

Cássia Cardoso Lima é uma renomada Professora de Língua Portuguesa e Mentora de Escrita de Livros com uma paixão única pela escrita e pela tecnologia. Com mais de 18 anos de experiência como professora, Cássia descobriu sua verdadeira vocação na área editorial ao revisar e diagramar livros para várias editoras.

Movida pela vontade de ajudar escritores a realizar seus sonhos literários, Cássia fundou a Cássia Editoração, uma empresa especializada em serviços editoriais e mentorias para escritores. Ao longo de sua carreira, ela escreveu mais de 20 livros, deixando sua marca em cada página. Seus conhecimentos e expertise são tão valiosos que cinco autores já tiveram a oportunidade de escrever seus livros sob sua mentoria em 2023.

Além de sua atuação como mentora e editora, Cássia também é uma entusiasta da tecnologia aplicada à escrita. Como pós-graduação em Escrita Criativa, ela se mantém atualizada sobre as mais recentes tendências e ferramentas tecnológicas que podem potencializar o processo de criação literária.

Com uma abordagem voltada para resultados e um compromisso profundo com a excelência, Cássia oferece um suporte abrangente aos escritores em todas as etapas do processo de produção de um livro. Seja na criação de um enredo envolvente, no aprimoramento da linguagem ou na preparação para publicação, ela é capaz de orientar seus alunos e clientes rumo ao sucesso literário.

Além de seu trabalho como professora e mentora, Cássia também compartilha seu conhecimento por meio de e-books autorais, abordando diversos aspectos do processo de escrita e da produção de um livro. Esses materiais oferecem insights valiosos e dicas práticas para escritores que desejam elevar sua escrita a um nível superior.

Cássia Cardoso Lima é uma profissional apaixonada pela escrita, comprometida em ajudar escritores a trilhar o caminho para o sucesso literário. Com sua experiência, conhecimento e abordagem personalizada, ela se destaca como uma referência no campo da escrita de livros e é a parceira ideal para aqueles que desejam dar vida às suas histórias e compartilhá-las com o mundo.

# SINOPSE

Em "Ventre Vazio", embarque em uma jornada emocional e transformadora. A autora, enfrenta a infertilidade, endometriose e a sombra da depressão, desvela sua vulnerabilidade em uma narrativa que toca a alma. Ao mergulhar nas profundezas de sua luta, ela desvenda as camadas de rejeição, solidão e pressões sociais, revelando a resiliência que se forja na fornalha da adversidade.

À medida que a narrativa se desdobra, testemunhe a autora emergir como Jó em sua segunda fase, não apenas sobrevivendo, mas florescendo. A descoberta do poder da fé, aliada à superação de bloqueios internos, conduz a uma metamorfose espiritual. Uma reviravolta surpreendente ocorre quando ela encontra no digital uma fonte de inspiração, desencadeando uma nova era de autodescoberta, conexão divina e propósito.

"Ventre Vazio" não é apenas um relato sobre desafios, mas um testemunho de vitória sobre a escuridão. À medida que a autora revela suas cicatrizes, ela nos guia por um caminho de aceitação, princípios e gratidão. Esta obra é um convite para confrontar os próprios medos, abraçar a jornada com fé renovada e acreditar que, mesmo nos momentos mais sombrios, a luz da superação pode brilhar intensamente.

## Cassia Editora

*Atendemos autores cristãos da área de literatura infantil e desenvolvimento pessoal e profissional*

Nossos serviços: Mentoria, edição, criação, revisão, diagramação, design de Capa, registro de direitos autorais, divulgação e comercialização de livros em plataforma online Amazon / Mercado Livre / Eduzz / Hotmart

E-mail: suporteescrevaseulivro@gmail.com
Tel.:(38) 99114-2555
Instagram: @editoracao.cassia
Youtube: Cassia Editoração

www.ingramcontent.com/pod-product-compliance
Lightning Source LLC
LaVergne TN
LVHW040953150826
845672LV00002B/682

* 9 7 8 6 5 0 0 3 5 8 2 9 2 *